子どもの手しごとブック
わたしにもできる
お菓子づくり
気分はパティシエ
いなむら純子
わたしたちが
お手伝いします！
おっちょこちょいで
食いしん坊の
クウ君
お菓子づくりが
大すきな
モモちゃん
おっとりしていて
お手伝いずきの
ミミちゃん

RIKUYOSHA

はじめに

たまごやおさとう、小麦粉などから、
いろいろなお菓子ができていくワクワクしたきもち、
オーブンからただよってくる、おいしそうなにおい、
型からプルンとはずすときのドキドキ感。
お菓子づくりは、食べるたのしみだけではない、
しあわせがたくさんつまっています。

そして、おうちの人や、
おともだちといっしょに食べて、おいしい！
といってもらったときのうれしさといったら！
きっとお菓子づくりが好きになるにちがいありません。
かんたんでおいしい、おすすめのレシピを
たくさんのせました。
うまく作るコツもかいてありますよ。
どんどんチャレンジして、
お菓子づくりをすきになってくださいね！

いなむら純子

お菓子づくりをする前のおやくそく

1. 最初にレシピはしっかり読んでおきましょう。
2. ざいりょうや道具をならべてじゅんびしておくと、作りやすくなりますよ。
3. 道具を使うときは注意がひつようです。大人の人といっしょに作りましょう。
4. 最後に、あらいものとおかたづけをするまでがお菓子づくりと思ってくださいね。

もくじ

＊お菓子の写真内の星マークは、作り方がやさしいか、むずかしいかを記しています。
かんたん（★☆☆）は、ぶきようさんでもできるやさしいもの。まあまあ（★★☆）、
ちょうせん（★★★）の順にレベルが上がります。

道具について

きほんの道具

この本のすべてのお菓子に使う道具

1 ボウル（またはたいねつボウル）

ステンレスと、レンジにかけられるものと大小あると便利。深めのものがよい。

2 たいねつ容器

バターや牛乳をとかすのに使う。マグカップやココットでもOK。

3 粉ふるい

粉のダマをなくし、さらさらにする。目の細かいザルでもよい。アーモンドパウダーをふるうときはつまるので、ザルがよい。

4 はかり

1gから計れるもので、しっかり計るのがお菓子づくり成功のコツ！（p.14さんしょう）

5 けいりょうスプーン

大さじ、小さじがあると便利（p.14さんしょう）。

6 ホイッパー

まぜたりあわ立てる道具。立ててまぜれば、空気が入りにくい。小さめのもあると便利。

7 ゴムベラ

生地をまぜるのに使う。シリコンのつるんとしているのが便利。小さいものもあるとよい。

そのほかの道具

この本のなかで使っているおもな道具

8 型

金属の型（12cm丸型、パウンド型）、シリコン型（ドーナツ型、グミ型）、プリンカップ、ベーキングカップ、マフィンカップ、リング型、エンゼル型など、いろいろな型がある。

9 めん棒

生地をのばしたり、ナッツなどをくだいたりするのに使う。

10 波刃ナイフ

お菓子やスポンジなどの生地が、きれいに切れるので、あると便利。

11 ハンドミキサー

ハンディータイプの電動ミキサー。生クリームなどをあわ立てる。

12 しぼりぶくろと口金

しぼりぶくろは、あつめのビニールのふくろ。生地をしぼりだすときに使う。チャックつきのビニールぶくろの角を使ってもよい。口金はしぼりぶくろにはめて使う。丸や星の形などがある。

13 茶こし

粉ざとうをふるって、デコレーションしたり、少量の粉をふるったりするときに使う。

14 竹ぐし

ケーキが焼けたかどうか、さすのに使う。

15 パレット(へら)

生地をのばしたり、型にならしたりするのに使う。

16 フライがえし

クレープや、ホットケーキをひっくりかえすのに使う。

17 オーブンシート

お菓子を焼くときに天板や型にしく、クッキングシート。型紙が作れる（p. 22さんしょう）。

18 バット

ステンレスの容器。のせたり、冷やしたりするとき、あると便利。

19 軍手

いぼのついていない、綿の軍手が使いやすい。2枚重ねれば、なべつかみにもなる。

20 キッチンペーパー

紙でできたキッチン用のペーパー。

ざいりょうについて

この本のなかで使っている、おもなお菓子のざいりょう

グラニュー糖

さらさらとしていて、すっきりとしたあまさになる。

上白糖

コクのあるあまさになり、しっとり仕上がる。

薄力粉

小麦粉のひとつ。お菓子づくりのきほんになる粉。

ベーキングパウダー

生地をふくらませるのを助ける。

たまご

この本では50g ぐらいのM サイズを使用。大きいときは、卵白の水分で生地がゆるくなったり分離したりするので、卵白をすこしとりのぞくとよい。

アーモンドパウダー

アーモンドの粉。新しいものほどおいしいので、冷蔵庫で保存してなるべく早く使うとよい。

生クリーム

植物性より、動物性がおいしい。脂肪分の%でやわらかさがかわるので、35%、45%など、できればざいりょうにかいてある通りに。

バニラ

バニラエッセンスは生のケーキ、バニラオイルは焼き菓子に。天然バニラの液体もある。

サラダ油

なたね油、キャノーラ油などがある。

粉ざとう

粉状のおさとう。キメが細かく仕上がる。

きびざとう

ミネラルがあり、焼き菓子がしっとり仕上がり、うまみがさらに増す。

無塩バター

塩の入っていないバター。発酵バターだと、さらにおいしい。

はちみつ

お菓子に入れると、風味がよくなり、しっとりが長持ちする。

ココアパウダー

さとうなしのものを使う。カカオから作られるので、チョコレートの味になる。

粉ゼラチン

ゼリーやプリンなどを作る時、固めるために使う。水でふやかして使うが、そのまま入れるものもある。この本ではふやかすものを使用。ふやかしてから熱いものに加えてとかしたり、レンジでとかしたりし、冷蔵庫で固める。

チョコレート

（左上から時計まわりに）ビター、スイート、ホワイト、ミルクがある。やわらかさがかわるので、種類をかえたい時は注意！

1

BEGINNERS

はじめの一歩(いっぽ)は このお菓子(かし)から！

とろ～りグレイズの焼(や)きドーナツ

ストロベリーマフィン

オレンジジュースでシャーベット

マンゴーグミ

ぷるぷるチョコプリン

とろ~りグレイズの焼きドーナツ

かんたん ★☆☆

《ドーナツ型6コ分》

ざいりょう

ドーナツのざいりょう

- 牛乳…50g
- たまご…1コ(50g)
- 上白糖…40g
- はちみつ…10g
- ココナッツパウダー…15g
- 薄力粉…60g
- ベーキングパウダー…1g(小さじ1/4)
- 無塩バター(とかすp.14)…60g
- 型用のバター、薄力粉…少々

ラズベリーのグレイズのざいりょう

- 粉ざとう…15g
- 冷凍ラズベリー…7gぐらい(約2粒)
- レモン汁(ひつようなら)…少々

レモンのグレイズのざいりょう

- 粉ざとう…15g
- レモン汁…5gぐらい
- このみで、デコレーションシュガー、アラザンなど

ひつような道具

きほんの道具(p.4)、ドーナツ型(6コ分)、茶こし、アルミホイル、スプーン

じゅんび

1. オーブンを180℃に予熱しておく（p.9下さんしょう）。
2. ドーナツ型にやわらかくしたバターを指でぬり、薄力粉を茶こしでふりかけておく。
3. 薄力粉とベーキングパウダーはあわせてふるっておく。

1 ドーナツを作ってみよう

1. たいねつ容器に牛乳とたまごを入れて、よくときまぜる。上白糖とはちみつを入れる。よくまぜたらココナッツパウダーも入れて、電子レンジにかけ、人肌ぐらい（36℃ぐらい）に温める（p.14 さんしょう）。
2. じゅんび **3** でふるった粉を、ホイッパーを立ててぐるぐるとまぜあわせる。
3. バターをレンジでとかし、45℃くらいのあつさにしてくわえる。ホイッパーでまぜたら、最後はゴムベラで底やボウルのまわりをきれいにとってまぜる。
4. **3 をじゅんび 2 の6コの型に流しこみ、**180℃のオーブンで20~25分ほど焼く。きつね色に焼きあがったらひっくりかえし、アルミホイルをかけておく。

スプーンでグレイズをとろりとかけるのが楽しいわね♪

2 グレイズを作ってみよう

1. ラズベリーのグレイズを作る。粉ざとうをボウルにふるい、冷凍のラズベリーを解凍してつぶしたものを、茶こしでこして入れる。とろりとして、**落ちたあとが10秒ぐらいで消えるやわらかさにする。**かたければ、レモン汁少々で調節する。

2. レモンのグレイズを作る。**1** のラズベリーの代わりに、レモン汁を入れる。やわらかさはレモン汁で調節する。
3. **1-4** のドーナツが完全に冷めたら、**1** と **2** のグレイズをとろりとかける。このみでデコレーションシュガーや、アラザンをのせる。

オーブンの予熱について

温度が下がらないよう、天板は予熱のときから入れてね。とちゅうで前後かえすときんいつに焼けるよ。この本の作り方の温度はすべて電気オーブン用。ガスオーブンなら作り方より10℃低くしてね。

ストロベリーマフィン

《マフィンカップ6コ分》

ざいりょう

- 無塩バター（室温）…50g
- グラニュー糖…85g
- 塩…1g
- たまご（人肌 p.14）…1コ（50g）
- 牛乳（人肌）…50g
- バニラオイル…少々
- 薄力粉…125g
- ベーキングパウダー…3g
- いちご…9コ
- 粉ざとう（トッピング用p.47）…少々

ひつような道具

きほんの道具（p.4）、マフィンカップ6コ（直径6cm× 高さ5cm）、ほうちょう、まな板、竹ぐし、茶こし

じゅんび

1. オーブンは190℃に予熱しておく（p.9 さんしょう）。
2. いちごは4分の1にカットして、薄力粉とベーキングパウダーはふるっておく。

作ってみよう

1. バター、グラニュー糖、塩をホイッパーでよくまぜあわせる。
2. よくときほぐしたたまごをすこしずつくわえ、まぜあわせる。
3. 牛乳と、バニラオイルも入れる。
4. じゅんび **2** でふるった粉を 3 回に分けて入れ、ゴムベラで切りながら、底からすくうようにまぜあわせる。
5. じゅんび **2** のいちごをまぜてから、6コのカップに分ける。
6. 180℃のオーブンで20分ぐらい焼く。

オレンジジュースでシャーベット

かんたん ★☆☆

《6〜8人分》

ざいりょう

- オレンジ果汁100%のオレンジジュース…200g
- グラニュー糖…85g
- 水…110g

ひつような道具

きほんの道具(p.4)、大きめのバット

作ってみよう

1. たいねつボウルに分量の水を入れてレンジにかけ、ふっとうさせる（600Wで1分半ぐらい。季節による）。
2. ボウルをとりだし（熱いので注意！）、すぐにグラニュー糖を入れて、ホイッパーでまぜあわせる。
3. オレンジジュースを2に入れてまぜる。
4. バットなどにあさめに流して、冷凍庫に入れる。
5. 1時間ほどして、まわりが固まりかけたらそのたびにホイッパーでまぜる。また冷凍庫へ。またまわりが固まってきたらまぜるをくりかえす。できれば4回以上。できるだけ空気を入れると口どけがよくなる。

まん中はまだジュース状　→　できあがり！

ちがうジュースでも

りんごやパイナップル、マンゴーなどのジュース（果汁100%）を使ってもおいしいよ！ 分量はそのままおきかえてね。

マンゴーグミ

《シリコン型1枚分　15コぐらい》

ざいりょう
- 粉ゼラチン（p.22）…10g
- マンゴージュース❶…60g
- マンゴージュース❷…30g
- はちみつ…20g
- グラニュー糖…20g
- レモン汁…小さじ1／2
- サラダ油…ティースプーン1杯

ひつようない道具

きほんの道具（p.4）、シリコン型（このみのもの）、バット

じゅんび

1. シリコン型にサラダ油を指でぬり、バットにのせておく。
2. たいねつ容器に、マンゴージュース❶とゼラチンをふり入れ、冷蔵庫で15分ほどふやかす。

作ってみよう

1. ボウルにマンゴージュース❷、はちみつ、グラニュー糖、レモン汁を入れ、レンジで10秒ぐらい温めてとかしておく。
2. じゅんび2のゼラチンをレンジであつあつにとかす（ゆげが出たら、すぐとりだす）。
3. 1のボウルに入れて、急いでまぜたらじゅんび1の型に流し、冷蔵庫で固まるまで冷やす。固まったら型からおしだす。

ぷるぷるチョコプリン

《プリンカップ3コ分》

ざいりょう

- 粉ゼラチン(p.22)…3g
- 水…15g
- 生クリーム(35%)…30g
- スイートチョコレート…30g
- グラニュー糖…15g
- 牛乳…100g
- ホイップクリーム(ざいりょうと作り方はp.42.43)
- ミント、さくらんぼ(あれば)… 適量

ひつような道具

きほんの道具(p.4)、プリンカップ3コ、星口金、しぼりぶくろ

カップのはずし方は、p.25を見てね！

じゅんび

1. たいねつ容器に分量の水とゼラチンを入れ、冷蔵庫で15分ほどふやかしておく。

作ってみよう

1. 生クリームをレンジにかけて、すこしふっとうさせる。
2. チョコレートとグラニュー糖を入れたボウルの上に 1 を注ぎ、小さなホイッパーでゆっくりとまぜる(とけのこるようなら、5秒ずつレンジにかけてとかす)。

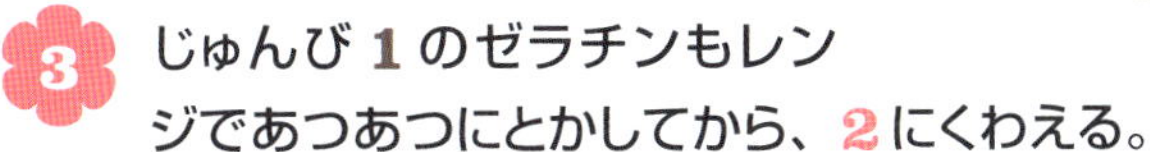

3. じゅんび 1 のゼラチンもレンジであつあつにとかしてから、2 にくわえる。
4. 牛乳をすこしずつくわえてホイッパーでまぜあわせる。
5. 4 をプリンカップ 3コに入れて、冷蔵庫で冷やす。

コラム

お菓子づくりのコツ①

お菓子づくりは小さなことで、失敗することがあります。
でも、ポイントをつかめばだいじょうぶ！ 大事なコツを、作る前にしっかり知っておきましょう。

ざいりょうを計ろう

きちんとはかりで計るのが、まず大事な一歩。1gずつ計れるはかりをぜひ用意してくださいね。容器を置いたら、数字をゼロにしてから計ります。はかりに物があたっていると、重さがくるうので、注意しましょう！

大さじや小さじで計るときは、粉をすくったら、スプーンの持ち手などで、すっとすりきります。山もりになっていたり、ぎゅっとおしこんだりしないようにしてくださいね。油や液体などはふちのギリギリまで入れます。

バターはやわらかくして

バターは冷たいと、水分とまざらず、分離します。人肌ぐらい（36℃くらい）にすると、マヨネーズのようにやわらかくなり、とてもまざりやすくなります。レンジで10秒ずつかけながら、しっかりやわらかくしてから使います。

たまごのあつかい方

たまごが冷たいと、バターなどとまぜると冷えて固まってしまい、分離します。たまごも〈人肌〉ぐらいに温めて使いましょう。容器に割ってよくほぐしたら、レンジで10秒ずつかけながら、温めます。

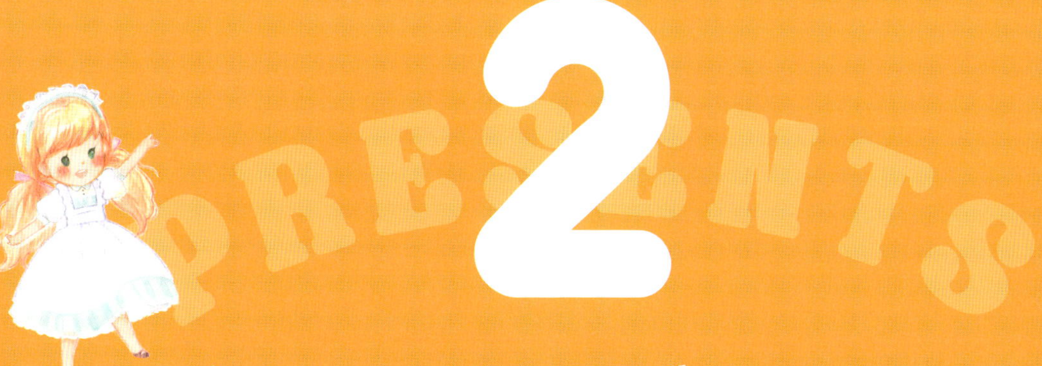

だれかにあげたくなるお菓子(かし)！

りんごの
クランブルケーキ

フレンチブラウニー

アーモンドトリュフ

きな粉(こ)の
おみくじクッキー

くるくるクッキー

りんごのクランブルケーキ

まあまあ ★★☆

きびざとうがおいしさのヒミツ！

《丸型1コ分》

ざいりょう

クランブルのざいりょう

- 無塩バター❶…25g
- 薄力粉❶…25g
- アーモンドパウダー❶…40g
- きびざとう❶…30g

生地のざいりょう

- 無塩バター❷（人肌p.14）…60g
- きびざとう❷…60g
- 薄力粉❷…60g
- アーモンドパウダー❷…25g
- ベーキングパウダー…2g
- たまご（人肌p.14）…1コ（50g）
- 生クリーム（45%）（室温）…25g
- 塩…ひとつまみ
- りんご（紅玉、ふじなど）…1/4コぐらい
- 粉ざとう（トッピング用p.47）…少々

ひつようなどう具

きほんの道具（p.4）、丸型（直径12cm）、型紙（p.22）、ほうちょう、まな板、竹ぐし、茶こし、波刃ナイフ

じゅんび

1. 型に型紙をしく。
2. オーブンは 180℃に予熱しておく(p.9 さんしょう)。
3. りんごは皮をむいて、4つにカットして芯をとる。小さめのスライスにする。

4. バター❶は5mmぐらいにカットしておく。
5. 薄力粉❶とアーモンドパウダー❶、きびざとう❶はざるでふるっておく。
6. 薄力粉❷とアーモンドパウダー❷、ベーキングパウダーもざるでふるっておく。

1 クランブルを作ってみよう

1. じゅんび 4 のバターをボウルに入れて、じゅんび 5 の薄力粉❶、アーモンドパウダー❶、きびざとう❶を入れる。
2. 手でつまむようにして、ぽろぽろになるまでまぜ、冷蔵庫へ入れる。

2 生地を作ってみよう

1. やわらかくしたバター❷ときびざとう❷を入れて、よくホイッパーでぐるぐるとまぜる。
2. ときほぐしたたまごを5回ぐらいに分けて、1 に入れては、そのたびにホイッパーでよくまぜる。
3. 生クリームと塩も入れてまぜる。
4. じゅんび 6 の薄力粉❷、アーモンドパウダー❷、ベーキングパウダーをくわえ、ゴムベラで粉っぽさがなくなるまでまぜる。ねりすぎないように。
5. 4 を型に半分流し入れ、じゅんび 3 のりんごのスライスをならべる。のこりの生地を入れて平らにし、1-2 のクランブルをのせる。180℃のオーブンで45分ぐらい。竹ぐしをさして何もつかなくなるまで焼く。

6. 5 を型のまま冷ます。冷めたら、型からはずし、粉ざとうを茶こしでかける。

クランブルって?

「(こなごなに)くずす」という意味の英語でそぼろ状にしたもの。グラタン皿などにすきなフルーツをカットしてならべ、クランブルをふりかけたら、カリッとするまでオーブントースターで焼いてもおいしい。

フレンチブラウニー

かんたん ☆☆☆

《ベーキングカップ5コ分》

ざいりょう

- 無塩バター（人肌p.14）…45g
- きびざとう…55g
- たまご（人肌p.14）…1コ（50g）
- 塩…ひとつまみ
- 薄力粉…40g
- ココアパウダー（無糖）…10g
- ミックスナッツ❶…15g
- チョコチップ❶…20g

トッピングのざいりょう

- ミックスナッツ❷、チョコチップ❷…適量

ひつような道具

きほんの道具（p. 4）、ベーキングカップ5コ（直径7cm×高さ3cm）、ほうちょう、まな板、竹ぐし

じゅんび

1. オーブンは170℃に予熱しておく（p. 9さんしょう）。
2. ナッツ❶と❷はすこしカットする。
3. 塩と薄力粉とココアパウダーをふるっておく。

作ってみよう

1. ボウルにバターときびざとうを入れ、ホイッパーでまぜる。
2. ときほぐしたたまごを、すこしずつくわえてまぜる。
3. じゅんび 3 でふるった塩と薄力粉とココアパウダーを2回に分けて入れつつ、ゴムベラで切るようにまぜる。
4. じゅんび 2 でカットしたナッツ❶とチョコチップ❶を生地にまぜこみ、カップに流す。
5. トッピング用のナッツ❷とチョコチップ❷をちらし、170℃のオーブンで12分ぐらい焼く。まん中を竹ぐしでさすと、すこしとろっとつくぐらいまでしっとり焼く。

アーモンドトリュフ

《各色8コ分》

ざいりょう

ミルクアーモンドトリュフのざいりょう

- ミルクチョコレート…35g
- アーモンドスライス…20g
- コーンフレーク…6g

ホワイトアーモンドトリュフのざいりょう

- ホワイトチョコレート…35g
- アーモンドスライス…20g
- コーンフレーク…6g

ひつような道具

きほんの道具(p. 4)、波刃ナイフ、まな板、オーブンシート、スプーン

あたたかい季節はむかないよ！

じゅんび

ミルクもホワイトも作り方は同じ

1. トースターで、アーモンドスライスを10分ほどローストする（うすいきつね色になるまで）。
2. チョコレートは大きければ割るか、波刃ナイフで細かくカットする。

作ってみよう

1. チョコレートをたいねつ容器に入れ、電子レンジに600Wで20秒かける。ゴムベラでまぜてゆっくりとかす。とけなければ5秒ずつレンジにかける(p. 22さんしょう)。
2. 別のボウルにじゅんび**1**の冷めたアーモンドスライスとコーンフレークを入れて、手で軽くにぎるようにしてくだく。
3. オーブンシートの上に、スプーンで直径3cm弱ぐらいのボール状にしてのせる。冷蔵庫で冷やす。

きな粉のおみくじクッキー

《 12枚分ぐらい 》

ざいりょう

- 卵白…1コ分(25gぐらい)
- 粉ざとう…35g
- きな粉…3g
- 薄力粉…20g
- 無塩バター(とかす p.14)…15g

ひつような道具

きほんの道具(p. 4)、色画用紙、ペン、はさみ、オーブンシート、スプーン、軍手、バット

じゅんび

1. オーブンを190℃に予熱しておく(p. 9さんしょう)。
2. 色画用紙を1×6cmに切り、メッセージをかいておく。

作ってみよう

1. ボウルに卵白を入れ、ホイッパーでよくまぜる。
2. 粉ざとう、きな粉、薄力粉をふるいながらくわえたら、とかしバターも入れ、なめらかになるまでまぜる。
3. オーブンシートにスプーンで生地を6cmぐらいの円にしたら、うすく広げる。1度に5枚ぐらいのせる。
4. 180℃のオーブンで、10分ぐらい焼く。まん中もうっすらきつね色になるまで焼けたら、軍手をはめて、天板にのせたまま1枚とり、メッセージをはさんで半分に折る。バットのふちなどでまげる。すぐに固まる。

すぐに固まるから、急いでまげてね!

くるくるクッキー

《 25コ分ぐらい 》

ざいりょう

- 無塩バター（とかす p.14）…50g
- 粉ざとう…30g
- 塩…ひとつまみ
- 牛乳…30g

バニラ生地のざいりょう

- バニラオイル…少々
- 薄力粉❶…40g

ココア生地のざいりょう

- ココアパウダー（無糖）…5g
- 薄力粉❷…30g

ひつような道具

きほんの道具（p. 4）、星口金、しぼりぶくろ、オーブンシート

じゅんび

1. オーブンを190℃に予熱しておく（p. 9さんしょう）。
2. 薄力粉❶と、薄力粉❷とココアは、それぞれふるう。

作ってみよう

1. バターをボウルに入れ、レンジでとかす。粉ざとうと塩をふるいながら入れたら、ホイッパーでよくまぜる。
2. 牛乳をすこしずつくわえ、ホイッパーでよくまぜる。
3. じゅんび 2の薄力粉❶には、バニラオイルと 2 の生地を70g、薄力粉❷とココアには 2 の生地ののこりを入れる。それぞれゴムベラで切るようにやさしくまぜる。生地が固い時は数秒レンジにかけ、やわらかい時はすこし冷やす。
4. しぼりぶくろに星口金をつけ、ココアとバニラの生地を交互に入れ、オーブンシートにぐるりとしぼる。冷蔵庫で5 分ほど冷やし、180℃のオーブンで20分ぐらい焼く。

コラム

お菓子づくりのコツ②

次のコツは、焼くお菓子の型紙のじゅんびの方法と、熱さに弱いチョコレートのとかし方、お菓子を固めてくれるゼラチンのあつかい方。どれもとても大事なコツですよ！

型紙を作る

冷たいお菓子の時は、型に何もぬらなくてもだいじょうぶですが、オーブンに入れるものは、きれいに型からはずせるように、型紙をしきましょう。パウンド型や丸型は、あらかじめ切ってあるものが売っています。じぶんでオーブンシートをカットしてもいいですね。バターなどではりつけると、生地がとても入れやすいですよ。

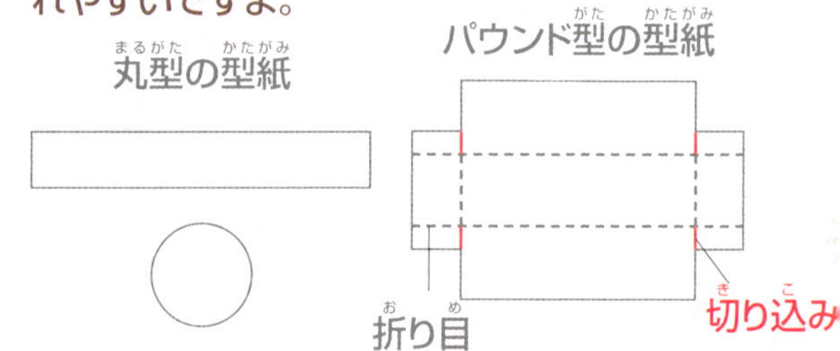

チョコレートのとかし方

チョコレートは、とってもデリケート！熱くしすぎると失敗します。50℃以上にならないように注意。容器がお風呂ぐらいの温かさなら、入れておくとゆっくりとけます。レンジで10秒ずつ温めて、あせらずにとかすのがコツ！

ゼラチンのあつかい方

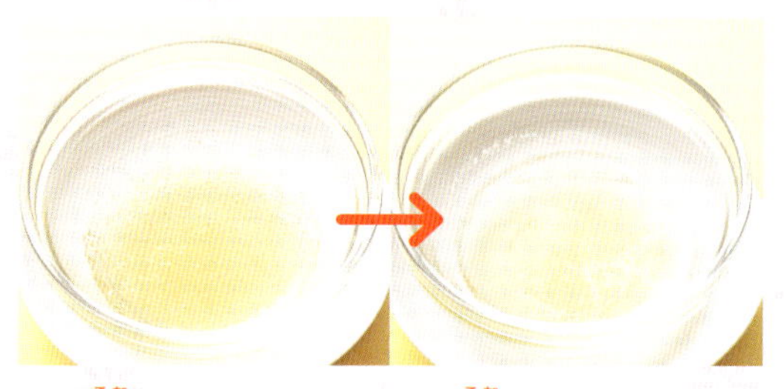

①粉ゼラチンをふやかした状態　②粉ゼラチンがとけた状態

ゼラチンは水でふやかしてから（冷蔵庫で1時間ぐらい）、熱いものにくわえてとかしたり、レンジでとかしたりします。ふっとうしすぎると冷蔵庫に入れて固まらないことがあるので、レンジにかけて、ゆげが立ったらとり出します。

FRUITS

3

フルーツを使(つか)った カラフルお菓子(かし)！

プリンパフェ

たっぷりいちごの モスコヴィット

かんたん フルーツタルト

トロピカル パンナコッタ

ももとラズベリーの ゼリー

プリンパフェ

ちょうせん ☆☆☆

《 パフェグラス2コ分 》

ざいりょう

オレンジゼリーのざいりょう
- 粉ゼラチン（p.22）…2g
- 水…10g
- オレンジ果汁100%のオレンジジュース…80g
- グラニュー糖…12g

バナナクリームのざいりょう
- バナナ…1本
- ヨーグルト（無糖）…60g
- はちみつ…8g

パフェのざいりょう
- ぷるぷるチョコプリン（ざいりょう、作り方はp.13）…2コ
- コーンフレーク…グラス1コにつき10gぐらい
- フルーツ（りんご、ぶどう、キウイ、パイナップル、さくらんぼなど）、ミント…適量
- ホイップクリーム（作り方はp.43。ざいりょうはp.42の2倍）

ひつようような道具

きほんの道具（p.4）、パフェグラス2コ、ほうちょう、まな板、フォーク、ハンドミキサー、パレット

じゅんび

1. 粉ゼラチンは、分量の水でふやかし、冷蔵庫に入れておく。

1 オレンジゼリーを作ってみよう

1. オレンジジュースをボウルに入れて、グラニュー糖もまぜておく。
2. じゅんび **1** のゼラチンをレンジであつあつにとかしてから、ジュースにまぜる。
3. パフェグラスに2等分に流し入れる。冷蔵庫で冷やし固める。

2 バナナクリームを作ってみよう

1. バナナを1本につき12コにカット。1本であつさ 1cm ほどが12コできる。
2. ボウルにヨーグルトとはちみつ、バナナ6コを入れてフォークでつぶしてまぜあわせる。

3. のこりのバナナは、グラス1コにつき、3コずつあとで入れるのに使う。

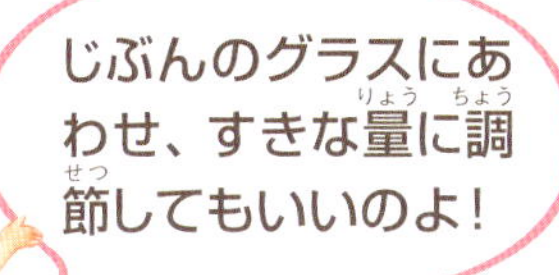

じぶんのグラスにあわせ、すきな量に調節してもいいのよ!

3 パフェを作ってみよう

1. **1-3** の固まったオレンジゼリーの上に、コーンフレークを入れる。
2. **2-2** のバナナクリームを4等分して入れる。その上に **2-3** のバナナをスライスしたものをしきつめる。
3. ホイップクリームをふちギリギリまで入れ、冷蔵庫に入れる。
4. パフェの上にチョコプリンを手前にそっとのせる。

5. カットしたフルーツやミントをかざる。

カップからの上手なはずし方

カップで冷やして固めたものは、ぬるま湯にさっと底をつけ、皿にひっくりかえす。はしを指ですこしおすとすぐに落ちるよ。

たっぷりいちごのモスコヴィット

《 エンゼル型1コ分 》

ざいりょう

- いちご…150gぐらい（1パック弱）
- 牛乳…150g
- グラニュー糖…70g
- ヨーグルト（無糖）…50g
- 生クリーム（35%）…100g
- 粉ゼラチン（p.22）…9g
- 水…45g

トッピングのざいりょう

- いちご、ブルーベリー…適量

ひつような道具

きほんの道具（p.4）、エンゼル型（直径15cm）、ラップ、めん棒、ケーキピック（p. 38）

じゅんび

1. 粉ゼラチンは分量の水でふやかし、冷蔵庫に入れておく。

作ってみよう

1. いちごは小さくカットして、ボウルに入れる。ラップをかけて、めん棒でつぶす。つぶつぶジュース状にする。
2. たいねつボウルに牛乳を入れ、グラニュー糖も入れる。レンジにかけて、ふっとう直前まで温める。
3. 2にじゅんび1のゼラチンを入れてとかす。ヨーグルト、1のいちご、生クリームの順に入れ、ホイッパーでまぜる。
4. 3のボウルを氷水にあてながらホイッパーでまぜ、とろみがついたら型に流しこみ、冷蔵庫で冷やす。
5. 型からはずし（p.43 さんしょう）、いちごやブルーベリー、ケーキピックをかざってできあがり。

かんたんフルーツタルト

《ビスケット6コ分》

ざいりょう

カスタードクリームのざいりょう

- 卵黄…1コ
- グラニュー糖…15g
- 薄力粉…6g（小さじ1強）
- 牛乳…90g
- 無塩バター…5g

組み立てるざいりょう

- ビスケット6枚
- このみでフルーツ（いちご、ブルーベリー、パイナップルなど）、ミント…適量
- 棒状のチョコレート…6本

ひつような道具

きほんの道具（p.4）、バット（あれば）、ラップ、ほうちょう、まな板

1 カスタードクリームを作ってみよう

1. たいねつボウルに卵黄とグラニュー糖をホイッパーでまぜ、薄力粉もふるってまぜる。牛乳も入れてまぜる。
2. レンジ600Wに1分かけて、ホイッパーでまぜたら、さらに600Wで20秒かけて急いでまぜ、バターを入れてまぜとかす。熱いので、とりだす時は注意!
3. バットなどにうすめに広げて、カスタードにラップをピタッとはって、氷を入れた容器にのせて完全に冷ます。

2 組み立てよう

1. ビスケットの上に、すこしゴムベラでまぜてやわらかくした1-3のカスタードクリームを大さじ1強のせる。

2. フルーツはカットして、チョコレートとミントといっしょにかわいらしくかざる。

トロピカルパンナコッタ

《グラス2コ分》

ざいりょう

- 牛乳…60g
- 生クリーム(45%)…100g
- グラニュー糖…15g
- 粉ゼラチン(p.22)…3g
- 水…15g
- このみでフルーツ（キウイ、パイナップル、マンゴーなど）…適量

ひつような道具

きほんの道具(p.4)、グラス2コ（直径10cm)、ケーキピック(p.38)、ほうちょう、まな板

じゅんび

1. 粉ゼラチンは分量の水でふやかし、冷蔵庫に入れておく。

作ってみよう

1. 牛乳と生クリーム、グラニュー糖をたいねつ容器に入れて、レンジに600Wで30秒くらいかけ、いったんとりだしたら、ゴムベラでよくまぜる。
2. またレンジにかけ、600Wで1分ぐらい、すこしふっとうするぐらいに温める（湯気が立つぐらい）。
3. じゅんび **1** のゼラチンを入れてとかす。
4. 容器ごと氷水にあてて冷やし、すこしとろみがついたらグラスに注ぎ、冷蔵庫で固める。
5. フルーツやケーキピックなどをかざる。

ももとラズベリーのゼリー

《２皿分》

ざいりょう

- 粉ゼラチン(p.22)…3g
- 水…15g
- 冷凍ラズベリー❶(シロップ用)… 20g
- 冷凍ラズベリー❷…10粒
- もものかんづめ(シロップが150gぐらい、てんかぶつのすくないものをえらんでね。)…もも2コ分
- ミント(あれば)…2枚

ひつような道具

きほんの道具(p.4)、ハートのお皿2枚(たて、よこ12cm×高さ2cmぐらい)、フォーク、ほうちょう、まな板、茶こし

じゅんび

1. 粉ゼラチンは分量の水でふやかし、冷蔵庫に入れておく。
2. 冷凍ラズベリー❶は解凍し、フォークなどでつぶしておく。

作ってみよう

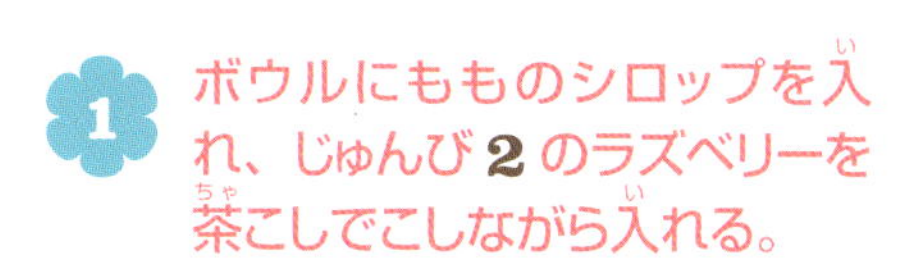

1. ボウルにもものシロップを入れ、じゅんび **2** のラズベリーを茶こしでこしながら入れる。
2. じゅんび **1** でふやかしたゼラチンを、レンジであつあつにとかしてから、**1** にくわえる。
3. お皿に、くし形にカットしたももを5切れずつならべて、ラズベリー❷を5粒ずつ入れたら、**2** を2つのお皿に注ぐ。冷蔵庫で冷やして固める。ミントをかざる。

コラム

お菓子づくりのコツ③

最後のコツは、生クリームのちょうどよいあわ立て方と、きれいにお菓子をカットする方法、粗熱って何? です。できたあとの、おいしい食べどきも教えますよ!

生クリームのあわ立て方

①つのがおじぎしている状態　②つのが立っている状態

生クリームは氷水にあてるときれいにあわ立ちます。あわ立てすぎはボソっとなるので注意! つのが少しおじぎするぐらい(①)までか、さらにあわ立てて、ピンとつのが立つぐらい(②)までかは、作り方を読んでくださいね。

お菓子のカット方法

お菓子をカットするときは、すこし温めたほうちょうで切ると、きれいに切れます。バットにお湯を入れて、ほうちょうをつけます。水気をしっかりふいて、カットするたびにお湯で温め、きれいにふいてからカットするのがコツ!

粗熱

「粗熱がとれてから」とは、焼きたての熱いお菓子が、さわれるぐらいの温かさになることです。あみにあげて、まずは粗熱をとりましょう。そして型からはずします(生地によってはすぐに出すものも。作り方にしたがってくださいね)。そのあと、アルミホイルでつつんだりして保管します。かんそうするのをふせいで、しっとり感をたもちます。

温かいときに、ふくろに入れると、水てきがついちゃうよ! あぶない、あぶない

おいしい日数

冷たいお菓子は、当日から次の日くらいがおいしい食べごろ。焼き菓子は、焼きたてもおいしいですが、次の日からしっとりしてきて、さらにおいしくなります。冷蔵庫に入れておけば、1週間ほどおいしく食べられます。バターが入ったお菓子は、冷蔵庫に入れておくと、冷えてかたくなるので、食べるときに室温にもどしてからいただくのがおすすめです。

冷蔵庫に入れるときも、ちゃんとつつんでね!

できるのがたのしみな おかしなお菓子！

かくれんぼクレープ

お絵かき
パンケーキ

ちょうちょの
マフィン

ウソっこ
サイダーゼリー

おかしな
グレープフルーツ

かくれんぼクレープ

まあまあ ★★☆

《 クレープ5コ分 》

ざいりょう

クレープ生地のざいりょう

・たまご…1コ(50g)
・グラニュー糖…5g(小さじ1)
・牛乳(人肌)…120g
・薄力粉…55g
・無塩バター(とかす p.14)…20g
・サラダ油…少々

トッピングのざいりょう

・いちご…5粒
・いちごジャム…大さじ5杯分
・カスタードクリーム
(ざいりょう、作り方はp.27)

ひつような道具

きほんの道具(p.4)、茶こし、フライパン、フライがえし、キッチンペーパー、ふきん(ぬらす)、お玉、バット、ほうちょう、まな板、リボン

1 クレープ生地を作ってみよう

1. ボウルにたまごとグラニュー糖を入れてよくときほぐし、牛乳を少しずつ入れていく。
2. ふるった薄力粉を、すこしずつくわえてはホイッパーを立ててぐるぐるとゆっくりまぜる。
3. 茶こしで別のボウルにこして、１時間から一晩ねかす。
4. 焼く前に、熱くとかしたバターを入れて、ホイッパーでまぜたら、生地のできあがり。

2 クレープを焼こう

1. フライパンに油をしき、キッチンペーパーでのばしたら火にかける。熱くなったら、ぬれぶきんにジュッとあてて、お玉１杯分1-4のクレープ生地を流す。
2. 手首を回して、フライパンにひろげ、弱火で焼く。表面がかわいてきたら、フライがえしでひっくりかえす。

3. うら面を20秒ぐらい焼いたら、お皿に上げておく。かわかないようにキッチンペーパーをかけておく。

3 組み立てよう

1. バットにクレープを１枚ひろげ、すこしゴムベラでまぜてやわらかくしたカスタードクリームを大さじ1強のせる。
2. いちごジャムをのせたら、へたをカットしたいちごをのせる。
3. 奥からすこしギャザーをよせるようにたたんで持ち上げる。１周たたんだら、中央をリボンで結ぶ。

クレープを切ったら

なかからジャムがとろ〜り、いちごとカスタードもかおを出すよ！キウイやぶどうなど色のちがうフルーツを入れたら、リボンの色もおそろいにするといいね！

クレープはたたんでもいいよ！

クレープをひろげたら、4分の1ぐらいにカスタードをぬり、ふちギリギリにホイップクリーム（作り方はp. 43さんしょう）をぐるぐるとしぼる。ホイップクリームの下あたりに、カットしたいちごとバナナをならべ、三角にたたんで、ピックでとめるとできあがり！

お絵かきパンケーキ

《3枚分ぐらい》

ざいりょう

- ★薄力粉…100g
- ★ベーキングパウダー…小さじ1
- ★上白糖…25g
- ★塩…ひとつまみ
- ・たまご…1コ(50g)
- ・牛乳…70〜75g
- ・サラダ油…大さじ1
- ・バニラオイル(あれば)…少々
- ・メープルシロップ…適量

ひつような道具

きほんの道具(p.4)、フライパン、キッチンペーパー、ふきん(ぬらす)、スプーン、お玉、フライがえし

作ってみよう

1. 材料の★印のものを全部ボウルにふるう。
2. 別のボウルにたまごをよくときほぐし、牛乳、サラダ油、バニラオイルの順にホイッパーでまぜる。
3. 2のボウルに1を一度に入れ、まん中からゆっくりとホイッパーを立ててぐるぐるとまぜる。
4. フライパンに油（分量外）をしき、キッチンペーパーで全体にうすくのばす。まず3の生地をスプーンに入れて、かおの絵をかき、中火で1分焼く。
5. ぬれぶきんにフライパンをのせてジュッとさましたら、お玉で3の生地をそっとまるく流す。
6. 弱火で焼き、表面がふつふつした後、かわき始めたら、ひっくりかえして、うらも1分ほど焼く。
7. メープルシロップをかけていただく。ホイップクリームやフルーツ、ミントをかざってもよい(ざいりょう外)。

ちょうちょのマフィン

《マフィンカップ6コ分》

ざいりょう

- たまご（人肌 p.14）…1コ半強（80g）
- グラニュー糖…50g
- はちみつ…10g
- 無塩バター（とかす p.14）…60g
- 牛乳（人肌）…30g
- 薄力粉…75g
- ベーキングパウダー…2g
- ホイップクリーム（作り方はp.43。ざいりょうはp.42の2倍）
- 粉ざとう（トッピング用p.47）…少々

ひつような道具

きほんの道具（p.4）、マフィンカップ6コ（直径7cm×高さ3cm）、ほうちょう、まな板、星口金、しぼりぶくろ、ハートピック、茶こし

じゅんび

1. オーブンを190℃に予熱しておく（p.9 さんしょう）。

作ってみよう

1. ボウルにたまごをよくとき、グラニュー糖とはちみつを入れ、ホイッパーでぐるぐるとまぜる。
2. とかしたバターを **1** にまぜたら牛乳も入れる。
3. 薄力粉とベーキングパウダーをふるい入れ、ホイッパーでやさしくまぜる。最後にゴムベラできれいにボウルのまわりもとりきったら、カップに流す。
4. 170℃のオーブンで25分ぐらい焼き、さめたら**ほうちょうでまん中をくりぬく。**半分にカットし、羽根にする。
5. ホイップクリームを星口金をつけたしぼりぶくろに入れてあなにしぼり、羽根とピックをかざる。

ウソっこサイダーゼリー

《グラス2コ分ぐらい》

ざいりょう

- サイダー(さとう入り、室温)…150g
- レモン汁…少々
- 粉ゼラチン(p.22)…3g
- 水…20g
- グラニュー糖…10g
- オレンジ…2切れ

ひつような道具

きほんの道具(p.4)、グラス2コ、ほうちょう、まな板、ストロー

じゅんび

1. 粉ゼラチンは分量の水でふやかし、冷蔵庫に入れておく。

作ってみよう

1. じゅんび **1** のゼラチンをレンジであつあつにとかしたら、急いでグラニュー糖を入れてまぜとかす。
2. ボウルにサイダーを入れて、レモン汁を少々入れる。
3. 2に、1のゼラチン液を入れて手早くまぜる。
4. グラスに2等分に流し、冷蔵庫で冷やして固める。
5. オレンジは、へたをよこにしてうすくカットする。1か所、半分まで切れ目を入れ、グラスのふちにかける。
6. ストローでぐるっとひとまぜする(あわが出る)。すこしだけサイダーを上に注ぐ。

おかしなグレープフルーツ

かんたん ★☆☆

《4切れ分》

ざいりょう

- 粉ゼラチン(p.22)…3g
- 水…15g
- グレープフルーツ…1コ
- グラニュー糖…15g

ひつような道具

きほんの道具(p.4)、ほうちょう、まな板、スプーン、茶こし

グレープフルーツの色は、ピンクとホワイトがあるよ! どっちを使ってもおいしいよ!

じゅんび

1. 粉ゼラチンは分量の水でふやかし、冷蔵庫に入れておく。

作ってみよう

1. グレープフルーツを半分にカットして、スプーンなどで、果肉をあま皮ごととりだして、うつわを作る。

2. 果汁はしぼって、茶こしでこしてたねをとる。100gになるよう、たりなければ水(分量外)をたす。
3. 2のグレープフルーツ果汁とグラニュー糖をたいねつ容器に入れて、レンジにかけて軽くふっとうさせる。
4. じゅんび1のゼラチンを3に入れて、とかす。
5. 1でつくった皮のうつわに流し入れ、冷蔵庫で冷やす。完全に固まったら、お湯で温めたほうちょう(p.30 さんしょう)で4等分にカットする。

コラム

おすすめのお菓子かざり

お菓子にちょっとかわいらしくかざったら、もっとおいしそうに見えるからふしぎ！

マスキングテープでピックづくり

お弁当用のプラスチックのピックに、すきなマスキングテープで小さなはたを作ってみましょう。ケーキの色にあわせたり、おたんじょうび風にしたり、いろいろたのしめます。

ケーキピックでお菓子屋さんみたいに

お菓子にかざるケーキピックというものが、売っています。これをかざるだけで、ケーキ屋さんのケーキのように見えるからふしぎ。ぜひ使ってみてください。柄もいろいろあります。

コラム

かんたんテーブルコーディネート

おいしいお菓子をセンスのよいテーブルでいただくと、たのしいティータイムになりますよ！

1 色を決めよう

色を決めてお皿やナプキンなどをえらんでいくと、とてもかわいらしくなりますよ。今回はピンクと水色。お家にあるものから色を決めてもいいですね。

2 ペーパーナプキンとリボンを使ってみよう

ペーパーナプキンをすきなリボンでくるくるとまいて、ちょう結びにします。フォークなどをいっしょにさしてもステキになりますよ。

3 コップを手づくり

紙コップにマスキングテープをたてにはるとかわいいもように。さらに名前カードやメニューをかいたカードなど、手作りのものをつけるとポイントになりますよ。

4 お花をかざろう

お庭にさいたお花を、花びんやコップにいけたり、ほんものではないアーティフィシャルのお花をかざったりすると、ぐっとはなやかになりますよ。

CHALLENGE

5

最後(さいご)はステキなケーキにチャレンジ！

キャラメルマーブルパウンドケーキ

レアチーズのリースケーキ

くまさんケーキ

キャラメルマーブルパウンドケーキ

《パウンド型１台分》

ざいりょう

キャラメルクリームのざいりょう

- グラニュー糖…30g
- 水…大さじ1/2ぐらい
- 生クリーム（35%）…20g

パウンド生地のざいりょう

- 無塩バター（人肌 p.14）…120g
- グラニュー糖…85g
- 塩…ひとつまみ
- たまご（人肌 p.14）…2コ（100g）
- 薄力粉…120g
- ベーキングパウダー…3g（小さじ2/3）

ひつような道具

きほんの道具（p.4）、パウンド型（たて17cm×よこ8cm×高さ6cm）、フライパン、型紙（p.22）、ハンドミキサー、アルミホイル、竹ぐし、波刃ナイフ

1 キャラメルクリームを作ってみよう

1. フライパンにグラニュー糖を入れて、その上に分量の水を入れて、火にかける。
2. フライパンをゆすりながら、グラニュー糖をとかし、グツグツさせたまま、こい茶色になるまでこがす(ゴムベラでまぜてはいけません。あめのように固まってしまうので)。
3. このみの色で火を止めたら、すぐに生クリームを遠くからそっと注ぐ(はねるのでやけどに注意!)。

4. ゴムベラで急いできれいにまぜ、すぐにきれいな別のボウルに注いで、冷ましておく。

2 パウンド生地を作ってみよう

じゅんび

1. オーブンを190℃に予熱しておく(p.9 さんしょう)。
2. パウンド型に型紙をしいておく。
3. 薄力粉とベーキングパウダーをふるっておく。

1. ボウルにバターとグラニュー糖と塩を入れて、ハンドミキサーの低速できれいになめらかにまぜる。かたければレンジで、600Wで10秒ずつかけ、しっかりやわらかいクリーム状にしておく。
2. よくといたたまごを、5回ぐらいに分けて、すこしずつくわえながら、そのつどハンドミキサーの低速でまぜていく。きれいなクリーム状になったら、そのたびにたまごをくわえていく。
3. じゅんび **3** の薄力粉とベーキングパウダーを2回に分けてくわえる。ゴムベラにかえて、切るようにゴムベラを入れては、底からすくうようにしてまぜていく。
4. 粉が見えなくなったら、じゅんび **2** のパウンド型に **3** のパウンド生地の半量を入れ、**1-4** のキャラメルクリームの半量をところどころにすこしずつ落とす。のこりのパウンド生地を入れたら、のこりのキャラメルクリームもところどころにすこしずつ落とす。

5. トントンとたたいて空気をぬいたら、ゴムベラで、大きく3回ほどぐるぐるとまぜる。
6. 180℃のオーブンで40分ぐらい焼く。竹ぐしをさして何もつかなくなるまで焼き、焼きあがったら、型から出す。すこし冷めたらアルミホイルをまいてすずしい所で保存する。

レアチーズのリースケーキ

ちょうせん ★★★

クリスマスに作ってもいいわね！

《エンゼル型１台分》

ざいりょう

レアチーズ生地のざいりょう

- クリームチーズ…120g
- グラニュー糖…55g
- ヨーグルト（無糖）…150g
- 粉ゼラチン（p.22）…8g
- 水…40g
- バニラエッセンス…少々
- レモン汁…小さじ1
- 生クリーム（35%）…130g
- いちご…適量

ホイップクリームのざいりょう

- 生クリーム（45%）…50g
- グラニュー糖…小さじ1

トッピングのざいりょう

いちご、ブルーベリー、ミント、アラザン…適量

ひつような道具

きほんの道具（p4）、エンゼル型（直径15cm）、ほうちょう、まな板、ハンドミキサー、ラップ、星口金、しぼりぶくろ

1 レアチーズ生地を作ってみよう

じゅんび

1. 粉ゼラチンは分量の水でふやかし、冷蔵庫に入れておく。
2. いちごは、5粒ほど小さな角切りにしておく（ケーキのなか用）。

1. クリームチーズをグラニュー糖といっしょにボウルに入れて、ゴムベラでよくねる。レンジ600Wで20秒ほどかけてやわらかくしておく。
2. そこにヨーグルトを入れ、ホイッパーでまぜる。まだかたければ、トロリとした状態になるように、レンジ600Wで10秒ずつかける。

3. じゅんび **1** のゼラチンをレンジであつあつにとかしたら、急いで **2** のボウルに入れて、ホイッパーでまぜる。バニラエッセンスとレモン汁も入れる。
4. 別のボウルに生クリームを入れ、氷水にあてながらハンドミキサーの高速であわ立てる。つのが立つ(p. 30さんしょう)ぐらいにあわ立てる。
5. 室温まで冷めた **3** に、**4** を入れて、ホイッパーですくいあげるようにまぜる。最後は、ゴムベラできれいにまぜる。
6. 型に半分流し入れたら、じゅんび **2** のいちごの角切りをまん中にリング状にのせる。のこりの生地を流し入れる。ラップをして、固まるまで冷凍庫で冷やす。
7. 〈型からのはずし方〉お風呂ぐらいの温かさのお湯を用意して、大きなボウルに入れる。そこに型を5秒つけたら、水をふき、ふちを少し指でおさえて、生地を型からはなす。お皿にひっくりかえして型からはずし、冷蔵庫で冷やしておく。

2 トッピングをしよう

1. 〈ホイップクリームをつくる〉氷水にあてたボウルに生クリームとグラニュー糖を入れて、つのが立つぐらい(p. 30さんしょう)まで、ハンドミキサーであわ立てて、ホイップクリームをつくる。
2. 星口金をセットしたしぼりぶくろに、ホイップクリームを入れて、ケーキの上にしぼり、半分にカットしたいちご、まるのままのいちご、ブルーベリー、ミントの葉、アラザンなどでかざる。

くまさんケーキ

ちょうせん ☆☆☆

《 丸型１台分 》

ざいりょう

スポンジケーキのざいりょう

- たまご…1コ半(80g)
- グラニュー糖…50g
- 薄力粉…50g
- 無塩バター(とかすp.14)…15g
- 牛乳(人肌)…15g

チョコホイップクリームのざいりょう

- スイートチョコレート…30g
- 生クリーム(35%)❶…30g
- 生クリーム(35%)❷…70g
- 生クリーム(35%)❸…100g
- グラニュー糖…10g

デコレーションのざいりょう

- いちご…5～6粒
- チョコレート(とかすp.22)…少々
- アラザン、市販のチョコクッキー…適量

ひつような道具

きほんの道具(p.4)、丸型(直径12cm)、型紙(p.22)、ハンドミキサー、キッチンペーパー、ふきん、ほうちょう、波刃ナイフ、まな板、パレット、星口金、しぼりぶくろ、えんぴつ、オーブンシート、スプーン

じゅんび

1 オーブンを190℃に予熱しておく(p.9さんしょう)。

2 丸型に型紙をしいておく。

1 スポンジケーキを作ってみよう

1 たいねつ容器に、バターと牛乳を入れ、レンジにかけてとかしておく。

2 ボウルにたまごをときほぐし、グラニュー糖を入れて、ボウルのままあついお湯につける。生地がお風呂ぐらいの温かさになったらはずす。

3 **2**をハンドミキサーの高速であわ立てる。3分ほどあわ立てて、ミキサーの羽根にこもって落ちるぐらいにもったりとしたら、低速にかえて1分ほどあわ立てて、キメを整える。

4 **3**に薄力粉をふるいながらくわえ、ゴムベラにかえて、さっくりと切るようにまぜては底からすくいかえす。

5 **1**を**4**のボウルにそっと流し入れて、同じように切るようにまぜては底からすくいかえす。

6 じゅんび**2**の型紙をしいた型に流し入れて、180℃のオーブンで、30分ぐらい焼く。15分たったところで、ボウルの向きを前後かえる。まん中を指でおして、生地がはねかえったらできあがり。

7 型のまま、天板の上に一度ドンと落とし、すぐにキッチンペーパーの上にひっくりかえしたら、ふきんでつつむ。

2 チョコホイップクリームを作ってみよう

1 たいねつ容器に、生クリーム❶を入れて、レンジにかけて、軽くふっとうさせる。

2 別のたいねつボウルに、スイートチョコレートをきざんで入れておき、**1**の生クリームをそっと流し入れる。ゆっくりとゴムベラでまぜあわせる。ツヤツヤのチョコレートクリームになるまでまぜる(とけのこったら、10秒ほどレンジにかける)。

3 さらに生クリーム❷を入れてまぜる。室温になるまで冷ます。

4 生クリーム❸とグラニュー糖を大きめのボウルに入れたら、**3**のチョコクリームも入れる。さらに、氷水を入れたボウルに重ねて冷やしつつ、ハンドミキサーでつのが立つまで(p. 30さんしょう)しっかりとあわ立てる。あわ立てすぎてボソボソにならないように注意!

3 組み立てよう

1. **1-7** のスポンジケーキが完全に冷めたら3枚以上にスライスし、**2-4** のチョコホイップクリームをぬる。パレットでひろげては､またスポンジを重ねる。
2. 3枚重ねたら、全体をまるくおおうように、チョコホイップクリームをパレットでぬりひろげる。

4 デコレーションしよう

1. 星口金をセットしたしぼりぶくろに、チョコホイップクリームを入れて、スポンジの下からじゅんにしぼっていく。

2. カバーそでのくまの下絵を、えんぴつでオーブンシートか、紙にかきうつす。
3. その上にさらにオーブンシートをのせる。チョコレートをレンジでとかし、**2** でかいた絵の通りにスプーンでぬりひろげる（小さなビニールに入れて、角をカットしてしぼってもよい）。

4. 冷蔵庫に入れて冷やして固めたら、そっとオーブンシートをはがし、ケーキにかざる。
5. いちごをリボンにしたり、あれば市販のチョコクッキーやアラザンをかざってできあがり！

カップケーキにアレンジ

同じスポンジケーキの分量で、カップケーキが5コ分できるよ。170℃で20分ほど焼いたら、冷ます。同じチョコホイップクリームをふちギリギリまでしぼり、すこし小さめにつくったくまのかお（カバーそでに下絵）といちごをかざれば、くまさんカップケーキのできあがり！

コラム

仕上げのコツ

焼きっぱなしもいいけれど、ちょっとしたひと手間で、さらにおいしそうに見えるコツがあります。

粉ざとうを雪のように

茶こしに粉ざとうを入れ、人さし指でトントンと軽くたたいて粉雪をふらせてみましょう。どさっと落ちないように、ほかのお皿でためしてみます。

アイシングでおめかし

p. 8のレモンのグレイズを、スプーンでとろりと線をかいたら、買ったみたいなケーキに！ほんのりレモン味がさらにおいしさをプラスします。

ジャムをそえて

すきなジャムとお皿にのせて仕上げ。どんな味のジャムがあうかな？ といろいろ考えるのもたのしいですね！ いっしょに食べると新しい味に。

コラム

ラッピングアイディア

上手に焼けたら、かわいいラッピングでおめかしして、お友だちにプレゼントしましょう！

リボンとシールでかざりつけ

お菓子を透明のふくろに入れ、リボンをかけてかた結び。先をななめにカットしてうさぎの耳のようにして、シールでとめれば、ケーキ一切れでも、りっぱなプレゼントに！

かわいい三角ポット

もよう入りのふくろに小さなクッキーをつめたら、底とは逆に、口をたてに閉じて折りたたんで、ステープラーでとめます。トップにタグなどをつければ、三角ポットのできあがり！

いなむら純子(じゅんこ)

お菓子のアトリエ Le Petit Plaisir ル・プティ・プレジール主宰
お菓子研究家。横浜国立大学を卒業後、貿易会社勤務を経て渡仏。パリで製菓・製パンのディプロムを取得し、一流パティシエに師事し研鑽を積む。帰国後、2003年より「お菓子のアトリエ Le Petit Plaisir」を主宰。初心者でも華やかなスイーツが作れると、幅広い層から支持される。人気のマカロン認定講座を始め、洗練されたお菓子とテーブルスタイリングが人気。企業へのレシピ考案の他、有名百貨店、一流企業での講師、メディアなどでも活躍中。
www.le-petit-plaisir.com/

子どもの手しごとブック
わたしにもできるお菓子づくり
気分はパティシエ

2017 年 7月 25日　初版第 1 刷発行
2018 年 4月 10日　初版第 2 刷発行

著　者：いなむら純子(じゅんこ)

発行人：中川雅寛
発行所：株式会社 六耀社
〒135-0091 東京都港区台場 2-3-1
Tel. 03-6426-0131
Fax. 03-6426-0143
www.rikuyosha.co.jp
印刷・製本：シナノ書籍印刷 株式会社

ISBN978-4-89737-987-6
Printed in Japan
NDC383 48p 25.7cm

材料協力　cuoca（クオカ）
Tel. 0570-00-1417
www.cuoca.com/

株式会社タイセイ　cotta（コッタ）
Tel. 0120-987-224
www.cotta.jp/

花材、資材協力　株式会社 東京堂
Tel. 03-3359-3331（大代表）
www.e-tokyodo.com

撮　影：sono（bean）
ブックデザイン：日高慶太
志野原遥（monostore）
調理アシスタント：上條ちずえ
イラストレーション：まつしたかおり
撮影協力：いなむら友茉
編　集：宮崎雅子